23 DEC. 1889 V

VENTE DU LUNDI 23 DÉCEMBRE 1889

HÔTEL DROUOT, SALLE N° 4

A DEUX HEURES

BELLE COLLECTION

ANCIENNES PORCELAINES

DE

Chine et du Japon

OBJETS D'ART

Porcelaines et Faïences européennes

ÉVENTAILS ANCIENS

Me ESCRIBE COMMISSAIRE-PRISEUR 6, rue de Hanovre, 6.	M. A. BLOCHE EXPERT 25, rue de Châteaudun, 25.

EXPOSITION PUBLIQUE

Le Dimanche 22 Décembre 1889

DE 1 HEURE 1/2 A 5 HEURES.

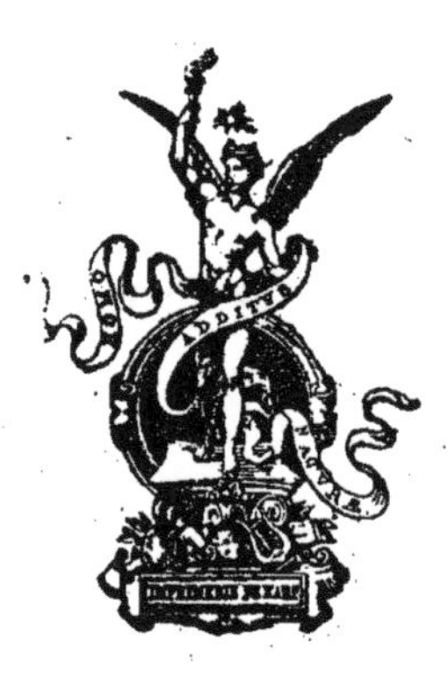
ADDITVR

CATALOGUE

DE

BELLES PORCELAINES ANCIENNES

DE

CHINE ET DU JAPON

Important service de table, Plats, Assiettes, Compotiers
Saucières, Soupières
Potiches, Vases, Cornets, Brûle-parfums

PIÈCES PRÉCIEUSES DE FORME

De la famille verte et de la famille rose

Bronzes, Émaux cloisonnés, Poterie
Cabinet en laque à décor d'or, Porcelaines et Faïences européennes

ÉVENTAILS ANCIENS

Miniatures

DONT LA VENTE AURA LIEU

HOTEL DROUOT, SALLE N° 4

Le Lundi 23 Décembre 1889

à deux heures

Me ESCRIBE	**M. A. BLOCHE**
COMMISSAIRE-PRISEUR	EXPERT
6, rue de Hanovre, 6	25, rue de Châteaudun, 25

EXPOSITION PUBLIQUE

LE DIMANCHE 22 DÉCEMBRE 1889

DE 1 HEURE 1/2 A 5 HEURES

CONDITIONS DE LA VENTE

Elle sera faite au comptant.

Les adjudicataires payeront *cinq pour cent* en sus des enchères.

L'Exposition mettant le public à même de se rendre compte de l'état des objets, il ne sera admis aucune réclamation une fois l'adjudication prononcée.

Paris. — Imp. de l'Art, E. Ménard et Cie, 41, rue de la Victoire

Désignation des Objets

ANCIENNES PORCELAINES DE CHINE ET DU JAPON

1 — Très beau service en ancienne porcelaine de Chine, décor à chimères, paons et fleurs, en rose, bleu et or, composé de :

Douze assiettes creuses octogones.
Trente-quatre assiettes plates octogones.
Une soupière avec plateau et couvercle.
Six plats d'entrées.
Un grand plat à rôti.
Deux salières forme coquilles.
Une saucière et son plateau.

Ce beau service en raison de son importance pourra être divisé.

2 — Quatre très belles assiettes en ancienne

porcelaine de Chine, de la famille rose, décor à fleurs en bleu, rose et or. Bordure à lambrequins.

3 — Deux plateaux en ancienne porcelaine de Chine, décor : cartels à figures, de la famille rose.

4 — Deux soucoupes, décor à corbeilles de fleurs.

5 — Trois assiettes en ancien Chine, à décors variés.

6 — Quatre raviers en ancienne porcelaine de Chine, décor à serpent et crabe en vert, bleu et or.

7 — Dix assiettes en ancienne porcelaine de Chine, décor à personnages, en rose, bleu et vert.

8 — Saucière et son plateau, de même décor.

9 — Trois assiettes en ancienne porcelaine de Chine, de la famille rose, décor à paysages.

10 — Quatre assiettes en ancienne porcelaine de Chine, décor à fleurs, en vert et rouge.

11 — Deux assiettes creuses octogones, en ancienne porcelaine de Chine, décor à fleurs, de la famille rose.

12 — Cinq assiettes plates, en ancienne porcelaine de Chine, décor à fleurs, en rouge et bleu.

13 — Huit assiettes en ancienne porcelaine du Japon, décor à fleurs, en bleu, rouge et or.

14 — Cinq autres en même porcelaine, à décor analogue.

15 — Six assiettes en ancienne porcelaine du Japon, décor à arbres en fleurs, en bleu, rouge et or.

16 — Cinq assiettes en même porcelaine, décor à fleurs, en rouge, bleu et or.

17 — Six autres assiettes en même porcelaine, à décor analogue.

18 — Deux assiettes en ancienne porcelaine du Japon, décor à vases et fleurs, en rouge, bleu et or.

19 — Quatre assiettes en ancienne porcelaine du Japon, décor à bambous en fleurs, en rouge, bleu et or.

20 — Deux assiettes en même porcelaine, décor à fleurs, en rouge, bleu et or.

21 — Sept assiettes en ancienne porcelaine du Japon, décor à arbres et fleurs, en rouge, bleu et or.

22 — Onze assiettes creuses en même porcelaine, décor à personnages.

23 — Six assiettes creuses en même porcelaine, décor à oiseaux et fleurs.

24 — Quatre assiettes creuses en même porcelaine, décors à fleurs, variés.

25 — Assiette en même porcelaine, décor à fleurs.

26 — Six petits plats ou grandes assiettes, en ancienne porcelaine du Japon, décor à vases de fleurs, en rouge, bleu et or.

27 — Cinq compotiers en même porcelaine, décor à fleurs, en rouge et or.

28 — Quatre petits plateaux carrés et un autre hexagonal, en même porcelaine, décor à fleurs.

29 — Quatre plats en même porcelaine, décor à fleurs, en rouge, bleu et or.

30 — Deux autres plats en même porcelaine, décor analogue.

31 — Deux autres plats plus grands, en même porcelaine, décors variés à fleurs.

32 — Autre grand plat en même porcelaine, décor à paysage.

33 — Très grand et beau plat en ancienne porcelaine de Chine, décor à armoiries au centre, bordure à figures et fleurs, en rouge, bleu et or.

34 — Autre grand et beau plat en même porcelaine, décor à fleurs, en rouge et bleu.

35 — Saladier en même porcelaine, décor à paysage, bordure à fleurs, en rouge, bleu et or.

36 — Plateau et deux burettes, en même porcelaine, décor à fleurs, en rouge, bleu et or.

37 — Deux salières à pieds avec couvercles, en même porcelaine.

38 — Soupière avec son plateau et couvercle, en même porcelaine, décor à fleurs, en rouge, bleu et or.

39 — Deux bols avec plateaux, en même porcelaine, même décor.

40 — Sucrier et couvercle en même porcelaine, décor à oiseaux et fleurs, en rouge, bleu et or.

41 — Paire de très belles potiches avec couvercles en vieux Chine fond gros bleu, rehaussé d'or, avec médaillons à réserves,

offrant des soleils et des feuillages en émaux de la famille rose sur fond blanc.

42 — Beau vase rouleau en vieux Chine, famille verte, riche décor de personnages dans des palais en costumes à rehauts d'or.

43 — Beau vase rouleau en vieux Chine, famille verte, représentant des cortèges à nombreux personnages, et des objets d'ameublement autour du col.

44 — Paire de potiches avec couvercles vieux Chine, famille rose, décor à personnages.

45 — Joli vase avec couvercle en vieux Japon, décor à paysage fleuri et lambrequin.

46 — Cornet en vieux Chine fond bleu, fleurs de pêcher en réserve.

47 — Vase avec couvercle en vieux Chine, décoré de médaillons à paysages encadrés de fleurs en bleu sur blanc.

48 — Jardinière en céladon bleu turquoise truité fin.

*

49 — Pot à tabac en vieux Chine, décor à personnages, monture en cuivre doré.

50 — Joli petit brûle-encens sur plateau adhérant, forme coquille, en ancienne porcelaine de l'Inde, décor à fleurs et rocailles, rehaussé d'or.

51 — Vase en vieux Chine, gorge évasée, décor fond bleu à arabesques de fleurs, avec médaillons au dragon et paysages en réserve.

52 — Vase de Fizen, fond bleu turquoise, décor en relief, lambrequins, entrelacs et cachets en émail violet.

53 — Soupière en vieux Japon, décor à fleurs en bleu sur blanc.

54 — Deux chimères en vieux Chine, décor polychrome, formant porte-lumière.

55 — Deux petits flambeaux à anses rocaille, famille des Indes, décor bleu.

56 — Bassin ovale, bords côtelés, en vieux Chine, famille verte, décor à fleurs et branchages.

57 — Deux assiettes en vieux Chine, famille rose, décor à jardinière et fleurs.

58 — Deux assiettes en vieux Chine, pâte fine, famille rose, décor à personnages sur kakémonos développés.

59 — Deux assiettes en vieux Chine, famille rose, décor au faisan, fleurs et lambrequins.

60 — Assiette en vieux Chine, fond rose, forme octogone, avec médaillons à figures et fleurs.

61 — Assiette en vieux Chine fond blanc, pâte fine, coquille d'œuf, décor à personnages et fleurs de pêcher.

62 — Deux compotiers en vieux Japon, décor à paysages et fleurs en polychrome, à rehauts d'or.

63 — Trois jolis assiettes en vieux Chine, famille verte, bordure à jour, décor à personnages.

64 — Deux grands compotiers en vieux Japon, décor par compartiments fond bleu et fond blanc, à fleurs en polychrome, à rehauts d'or.

65 — Sucrier de l'Inde, décor bleu sur blanc.

66 — Chimère formant cassolette, en céladon gravé, sous couverte.

67 — Sucrier en vieux Chine, décor à personnages en bleu sur blanc.

68 — Cassolette en vieux Chine, fond bleu turquoise, décor à fleurs en couleur.

69 — Petit compotier avec couvercles en vieux Japon, décor polychrome.

70 — Vase à deux anses, en vieux Chine, décoré de chevaux dans des nuages, en émaux de la famille verte.

71 — Deux petites potiches en vieux Japon, décor par compartiments en polychrome, à rehauts d'or.

72 — Porte-bouquet en vieux Chine, décor à personnages.

73 — Boîte à épices en vieux Chine, famille verte, décor à rehauts d'or.

74 — Bol en vieux Chine, décor à sujets européens, rehaussé d'or.

75 — Joli flacon à thé en vieux Chine, famille rose, monté en argent.

76 — Vase en vieux Chine, famille verte, décor à oiseaux et paysages.

77 — Deux saucières anciennes, de l'Inde, décor bleu sur blanc.

78 — Six jolies tasses et six soucoupus en vieux Chine, famille verte, pâte fine, décor à rosaces, rehaussé d'or.

79 — Deux tasses avec soucoupes, en vieux Chine. décor à paysages.

80 — Petite cafetière avec soucoupe, en vieux Japon polychrome, à rehauts d'or.

81 — Deux très petites potiches en vieux Chine, famille verte.

82 — Chimère en vieux Chine fond bleu turquoise, avec rosace en couleur. Modelage délicat.

83 — Deux petites souris en vieux Chine.

84 — Petite boîte ronde en vieux Chine, fond granité vert.

85 — Ménagère en vieux Chine, décor à médaillons de fleurs à rehauts d'or.

86 — Corbeille en ancienne porcelaine de l'Inde, décor à jour bleu sur blanc.

87 — Petit vase rouleau en vieux Chine, famille verte, décor à figures et caractères.

88 — Vase rouleau en vieux Chine, décor bleu fouetté à rehauts d'or.

89 — Très petite potiche forme fleur, en vieux Chine avec branchages en relief.

90 — Deux tasses à anses en vieux Chine, gris craquelé.

91 — Quatre soucoupes, une tasse en vieux Japon polychrome.

92 — Petit plateau vieux Chine, famille rose, forme à contours.

93 — Brûle-parfums en laque de Pékin.

MEUBLES, OBJETS DÉCORATIFS

94 — Beau cabinet en laque du Japon, fond noir à rehauts d'or, dessins représentant des paysages, des animaux, des volatiles, sur socle en laque.

95 — Grande potiche en bronze du Japon.

96 — Vasque en grès de Chine, décorée de tortues.

97 — Brûle-parfums en faïence de Satzuma.

98 — Petit socle en bois laqué avec incrustations de nacre.

99 — Bol en porcelaine de Chine, décor vert et or; monture bronze.

100 — Plat en émail cloisonné du Japon, monture en bronze.

101 — Jardinière en bronze du Japon.

102 — Brûle-parfums en terre émaillée du Japon.

103 — Paire d'éléphants en bronze du Japon.

104 — Paire de vases en faïence laquée de Pékin.

105 — Paire de vases en fer laqué, fond marron.

106 — Paire de vases en porcelaine de Chine fond brun avec fleurs en relief.

107 — Deux paravents à quatre feuilles en satin brodé, travail japonais.

108 — Pagode en bronze ancien du Japon.

109 — Pagode en grès de Chine.

110 — Coffret formé par une oie en blanc de Chine.

111 — Vase en ancienne porcelaine de Chine de la famille verte.

112 — Deux bols en porcelaine de Chine, fond jaune, décorés de paysages.

113 — Vase carré en ancienne porcelaine de Chine, famille rose.

114 — Vase forme baril, en ancienne porcelaine de Chine gris craquelé.

115 — Coupe trépied en ancienne faïence de Chine fond gris.

116 — Paire de potiches, fond blanc, décor fleurs en polychrome.

117 — Paire de petites potiches, fond blanc, décor fleurs et branchages.

118 — Vase en ancienne porcelaine de Chine, fond bleu turquoise, décor à fleurs jaunes et rouges.

119 — Gourde en porcelaine de Chine, fond jaune.

120 — Vase en ancienne porcelaine de Chine, fond bleu sur blanc.

121 — Vase en porcelaine de Chine, fond marron décoré de coqs en bleu.

122 — Bouteille en porcelaine de Chine, fond rouge haricot.

123 — Bouteille en porcelaine de Chine, fond bleu turquoise flambé.

124 — Bouteille en porcelaine de Chine, fond bleu turquoise.

125 — Bouteille analogue.

126 — Bouteille en grès de Chine, fond gris.

127 — Vase en porcelaine de Chine, décor bleu sur blanc.

128 — Grand vase en porcelaine de Chine, fond rouge haricot.

129 — Paire de potiches en porcelaine, fond bleu, décor à fleurs en couleur.

130 — Paire de potiches analogues.

131 — Paire de potiches en porcelaine de Chine, fond bleu sur blanc.

132 — Potiche en porcelaine de Chine, fond blanc à fleurs.

133 — Potiche en porcelaine de Chine, décorée de fleurs de toutes nuances.

134 — Potiche en porcelaine de Chine, fond rose à fleurs en rouge.

135 — Jardinière en émail cloisonné de Chine, fond bleu; monture en bronze.

136 — Deux lustres en bronze doré à sept lumières, système à gaz.

PORCELAINES, FAIENCES EUROPÉENNES

137 — Théière et deux tasses avec soucoupes en vieux Saxe, décor à sujets de chasse et compositions d'après Berain, à rehauts d'or.

138 — Savonnière en vieux Saxe, fond vert quadrillé et cartels de fleurs à rocailles.

139 — Figurine en vieux Saxe représentant la Marquise à la Cage.

140 — Belle bouquetière forme rocaille, décor à fleurs en polychrome en ancienne faïence de Delft avec anses à jour.

141 — Pièce de hors-d'œuvre en ancienne faïence de Delft, formée par un branchage à trois citrons sur plateau adhérant au feuillage.

ÉVENTAILS

142 — Éventail de mariage du temps de Louis XVI, représentant un accouplement de mé-

daillons, portraits de jeune femme et de jeune seigneur couronnés par l'Amour et des trophées allégoriques rehaussés de broderies à paillettes. Monture en ivoire relevée d'or.

143 — Très bel éventail du temps de Louis XVI, représentant des sujets champêtres dans des médaillons, des bustes de personnages et des vases de fleurs sur des gaines enguirlandées de paillettes. Monture en nacre sculpté et rehaussé d'or à petits personnages et volatiles.

144 — Bel éventail du temps de Louis XVI, représentant une offrande à Diane. Composition de nombreuses figures mythologiques. Monture en ivoire rehaussé d'or avec bustes de personnages et vases de fleurs.

145 — Éventail du temps de Louis XV, représentant une scène allégorique. Présentation d'armes et de bijoux à une reine. Monture en ivoire sculpté à figures et rocailles.

146 — Éventail style Louis XV, représentant des scènes champêtres et des marines dans des

cartels à rocailles. Monture en nacre rehaussée d'or.

147 — Éventail Louis XVI, feuille à trois médaillons, sujets champêtres et allégoriques. Monture en nacre rehaussée d'or.

148 — Éventail Louis XV, décor à sujets champêtres dans des cartels à rocailles. Monture en ivoire décoré et relevé de paillons.

149 — Bel éventail du temps de Louis XVI, offrant des médaillons a sujets allégoriques et à bustes de personnages, peints à la gouache sur soie, encadrés de paillettes. Monture en ivoire finement sculpté à jour avec sujet genre Watteau, figures d'amours et ornements.

150 — Éventail du temps de Louis XVI, représentant dans un médaillon le Concert champêtre. Monture en ivoire rehaussée d'or.

151 — Éventail Louis XV, représentant une

grande scène de festin. Composition de nombreuses figures. Monture en ivoire sculpté à figures et animaux.

152 — Trois éventails Louis XVI, feuilles à sujets biblique et champêtres. (Seront divisés.)

153 — Miniature : Portrait de Mlle Dugazon, dans le rôle de Nina *(La Folle par amour).*

154 — Miniature : Portrait de Mlle Joly.

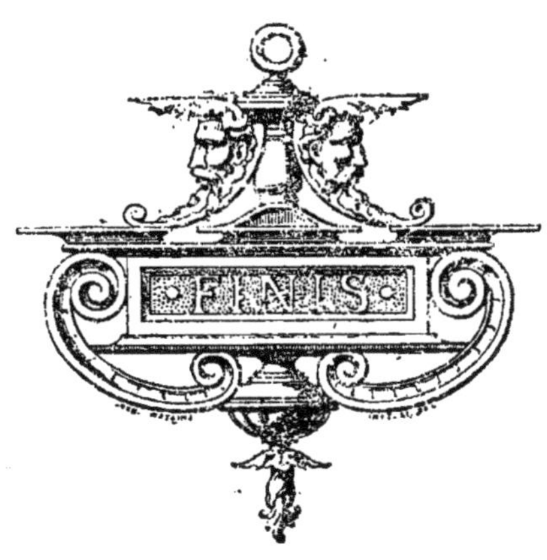

www.ingramcontent.com/pod-product-compliance
Ingram Content Group UK Ltd.
Pitfield, Milton Keynes, MK11 3LW, UK
UKHW021037260726
13994UKWH00005B/2208

9 782329 508078